Elsbeth Bihler

Gott – Wer bist du?

Kindern biblische Gottesbilder vermitteln

Lahn-Verlag Limburg

Die Deutsche Bibliothek – CIP-Einheitsaufnahme

Bihler, Elsbeth:
Gott – wer bist du? : Kindern biblische Gottesbilder vermitteln /
Elsbeth Bihler. – Limburg : Lahn-Verl., 1999
ISBN 3-7840-3178-1

verlags gruppe engagement

Lektorat: Dr. Stefan Ohnesorge
Bilder: Sabine Waldmann-Brun, Stuttgart,
nach Vorlagen von Elsbeth Bihler
Umschlaggestaltung: Jürgen Weber
Umschlaglitho: Limburger Offsetdruck
Innenlithos: OMNIA SCANNERS, Mailand
Notensatz: Nikolaus Veeser, Schallstadt
Satz: Schröder Media, Dernbach
Druck und Bindung: Industrie Poligrafiche Friulane, Maniago
Printed in Italy

ISBN 3-7840-3178-1

Vorwort

Wer bist du – Gott? Dieser Frage will dieses Bilderbuch nachgehen. Es ist in doppeltem Sinne ein »Bilder«buch, weil es zum einen farbige Bilder bietet, zum anderen die bildhafte Rede von Gott in Wort und Bild aufgreift und versucht, sie Kindern näher zu bringen, zu vermitteln.
Dabei werden keine fertigen Antworten oder Sichtweisen von Gott gezeigt, die später von den Kindern als unwahr oder gar als »Lüge« abgetan werden können, sondern es werden vielfältige Bilder von Gott aus der Bibel angeboten (nicht nur väterliche, sondern auch mütterliche), mit denen sich die Kinder auseinandersetzen können und sollen, um zu ihrem eigenen Bild von Gott zu finden.

Das Lied »Mein Gott, ich kann dich gar nicht sehen«, greift dieses Anliegen zu Beginn auf. Es fragt in Bildern: »Gott – bist du so oder so?«, und sagt im Refrain deutlich, dass Gott eigentlich nicht zu begreifen und zu verstehen ist, sondern sich nur selbst dem Menschen offenbaren kann.
In Text und Bild werden dann neun biblische »Bilder« von Gott vorgestellt, so die Bildworte von Gott als Burg, als Adlermutter, als Licht, als Hirte, als sorgender Mutter und barmherzigem Vater.
Die Gottesoffenbarung am brennenden Dornbusch, die Sorge, die Gott für uns hegt, und die Zusage Gottes, dass in seiner Stadt alle Sorge und Not vorbei sein wird, sind weitere wichtige Bestandteile für die Vermittlung eines Gottesbilds, das für das eigene Leben tragfähig sein kann und soll. Eine Einstimmung zu jedem »Bild«, die durch ein gemaltes Bild unterstützt wird, versucht, Kinder mit dem jeweils angebotenen Bildwort vertraut zu machen. Im Bibeltext wird dieses »Bild« vertieft und auf Gott hin gedeutet.
Den Schlusspunkt des meditativen Buchteils setzt wieder ein Lied, das uns sagt: Gott ist Vater und Mutter, aber er ist noch mehr, viel mehr, weil er der letztlich Unbegreifliche bleibt.
Dennoch wird versucht, Gott als den zu vermitteln, der den Menschen begleitet, der ihn umgibt und dem man Vertrauen schenken kann, ein Gott eben, der ein »Interesse« am Menschen hat, so, wie es uns Christen in der Bibel überliefert wurde.
Im zweiten Teil des Buchs finden sich für Eltern, Erzieher/innen und Katechet(inn)en vielfältige didaktisch-methodische Hinweise, wie die Text- und Bildelemente des meditativen Teils bei der Arbeit mit den Kindern eingesetzt werden können. Zum Buch ist eine gleichnamige Bildmappe für die Gruppenarbeit erhältlich (ISBN 3-7840-3187-0).

Ich wünsche den Kindern, den Eltern und allen, die versuchen den Gott der Bibel Kindern näher zu bringen und die Gottesfrage bei ihnen zu wecken und wach zu halten, viel Freude mit diesem Buch.

Schwerte, im April 1999

Elsbeth Bihler

Mein Gott, ich kann dich gar nicht sehen

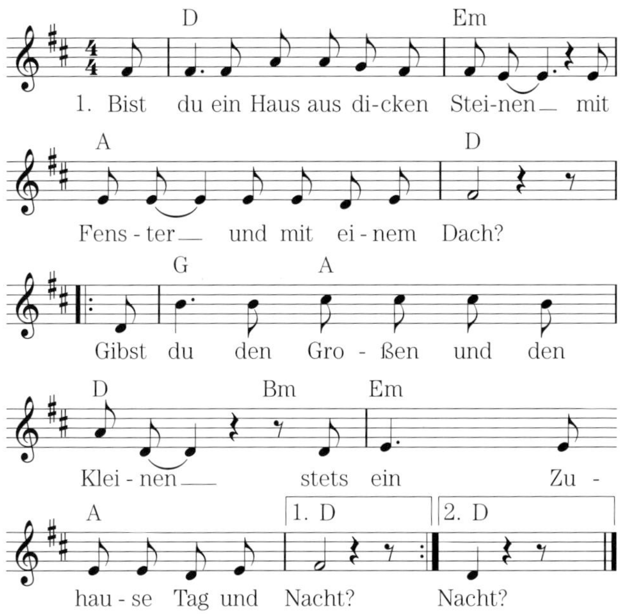

Refrain (gleiche Melodie):
Mein Gott! Ich kann dich gar nicht sehen,
und doch sagst du: Ich bin bei dir.
Mein Gott! Wie soll ich das verstehen?
Ich bitte dich, komm zeig es mir!

2. Bist du ein Licht mit bunten Strahlen,
das meinen dunklen Weg erhellt?
Kann ich dich wie die Sonne malen,
die morgens in mein Zimmer fällt?
Refrain

3. Bist du ein Lied, das alle singen,
weil seine Melodie so schön,
bei dem wir lachen, tanzen, springen
und lauter gute Dinge sehn?
Refrain

4. Bist du ein Schiff mit starken Masten,
das auch im größten Sturm nicht sinkt
und allen, die in Angst geraten,
die wunderbare Rettung bringt?
Refrain

5. Bist du ein Freund, dem ich vertraue
und dem ich alles sagen kann,
mit dem ich eine Bude baue
und über Mauern springen kann?
Refrain

6. Bist du wie eine Kuscheldecke?
Ich kuschel' mich in sie hinein,
und wenn ich in der Decke stecke,
dann schlaf' ich ganz zufrieden ein.
Refrain

T: Reinhard Bäcker, M: Detlev Jöcker
aus: Heut ist ein Tag, an dem ich singen kann
(Liedheft und MC)

Gott sagt: Ich bin da

Zur Einstimmung:

Überlege einmal still für dich:
Gab es das schon einmal, dass jemand zu dir gesagt hat:
Du brauchst keine Angst zu haben. Ich bin bei dir!

Vielleicht war es deine Mutter.
Vielleicht war es dein Vater.
Vielleicht war es ein guter Freund oder eine gute Freundin.
Oder die Großeltern
oder Onkel und Tante
oder sonst jemand, der dir wichtig ist.

Bestimmt hast du gespürt, wie gut es ist, wenn jemand sagt: Ich bin da!
Du bist nicht allein.
Du weißt, wohin du gehen kannst, wenn es schwierig wird für dich.

Manche Menschen sagen:
Gott ist für mich immer da.
Ich spüre ihn, wenn ich leise werde und bete.
Ich spüre ihn, wenn ich anderen Menschen begegne, die gut zu mir sind.
Gott ist da.

In der Bibel sagt Gott seinen Namen. Er sagt: Ich bin der »Ich-bin-da«:

Da war ein Mann, der hieß Mose. Er war ein Mensch aus dem Volk Israel. Sein Volk lebte in Ägypten und musste schwer arbeiten und den Menschen ging es sehr schlecht. Darüber war Mose wütend geworden. Er hatte einen Ägypter getötet. Dann war er in die Wüste geflohen. Die Wüste war still und leer. Mose weidete Schafe und musste für sie immer wieder einen Platz zum Fressen und Wasser zum Trinken finden. So wanderte er umher.
Eines Tages sah er etwas Seltsames: Da war ein Feuer. Ein Dornbusch brannte. Mose ging näher, um besser sehen zu können. Er wunderte sich: Der Dornbusch brannte und verbrannte doch nicht. Als Mose näher kam, hörte er seinen Namen rufen: Mose! Mose!
Mose schaute sich um. Aber da war niemand der ihn rief. Und wieder hörte er: Mose! Mose! Zieh deine Schuhe aus. Der Boden, auf dem du stehst, ist heiliger Boden!
Da begriff Mose: Gott spricht mit mir. Er zog seine Sandalen aus, warf sich auf die Knie und verbarg sein Gesicht in seinem Gewand. Denn Gott anzuschauen, das konnte kein Mensch aushalten. Und Gott sagte: Mose, du sollst mein Volk Israel aus der Gefangenschaft in Ägypten führen. Mose antwortete: Wieso ich? Was soll ich den Menschen sagen? Gott antwortete: Sag ihnen: Der Gott unserer Väter schickt mich, euch zu befreien! Mose fragte weiter: Wie ist dein Name? Gott antwortete: Sag ihnen: Der »Ich-bin-da« schickt mich, denn ich werde immer bei euch sein.
Da ging Mose zu seinem Volk und führte es aus Ägypten in die Freiheit. Und Gott war mit ihnen.

Nach Exodus 3

Eine feste Burg ist unser Gott

Zur Einstimmung:

Kannst du dir eine Burg vorstellen?
Hoch oben auf einem Berg können wir ihre Reste noch sehen.
In Burgruinen herumzuklettern ist spannend.
So dicke Mauern sieht man an anderen Häusern heute nicht mehr.
Da sind große und kleine Räume.
Räume mit kleinen Luken,
aus denen man die Umgebung betrachten kann.
Große Innenhöfe und hohe Mauern.

Vielleicht überlegst du:
Wie war das wohl damals, als hier noch Ritter gelebt haben?
Ja, wie war das damals?
Eine Burg lag auf einem Berg, damit man schon von weitem sehen konnte,
ob sich Feinde näherten
oder sonst etwas die Menschen in der Burg und in den Häusern der näheren Umgebung in Gefahr brachte.
Und immer, wenn Gefahr drohte,
kamen alle Menschen aus der Umgebung und suchten Schutz hinter den dicken festen Mauern der Burg.

Das war schon seit langer Zeit so. Und deshalb wundert es auch nicht, wenn wir in der Bibel lesen, dass Menschen gesagt haben: Gott ist für mich wie eine sichere Burg. Sie beteten:

Ich will dich rühmen, Herr, meine Stärke.
Du bist mein Fels, meine Burg, mein Retter,
mein Gott, meine Festung, in der ich Schutz suche,
mein Schild und meine Zuflucht.
Als ich in Not war, rief ich zum Herrn
und schrie zu meinem Gott.
Er führte mich hinaus ins Weite,
er befreite mich, denn er hat mich lieb.

Gott ist uns Zuflucht und Stärke,
ein bewährter Helfer in jeder Not.
Darum fürchten wir uns nicht, wenn die Erde auch wankt,
wenn Berge in die Tiefe des Meeres stürzen.
Gott, der Herr ist mit uns,
er ist unsere Burg.

Nach Psalm 18 und 46

Gott – wie die Adlermutter

Zur Einstimmung:

Hast du schon einmal einen Adler gesehen?
Er ist der größte der Raubvögel.
Man sagt: Er ist der König der Vögel.
Er gleitet stolz am Himmel dahin.
Seine Flügel sind ganz weit.
Wenn man ihn angreift, wird er gefährlich.
Er verteidigt sein Nest und beschützt seine Jungen.
Mach deine Augen zu.
Stell dir vor, du bist selbst ein Adler.
Hoch oben im Gebirge hast du dein Nest gebaut.
Du breitest deine Flügel aus und fliegst in den Himmel.
Immer höher fliegst du.
Deine scharfen Augen sehen die Welt unter dir.
Klein und winzig sieht alles aus.
Hier oben am Himmel spüre ich meine Stärke.
Hier oben ist unendliche Weite.
Hier oben ist unendliche Freiheit.
Ich gleite dahin und bin ganz leicht.
Die Luft trägt mich.
Ich gleite zurück zu meinem Nest.
Sanft lande ich auf seinem Rand.
Ich weiß, dass ich fliegen kann.

In der Bibel steht: Gott ist wie ein Adler, stark, kräftig, stolz und frei. Er beschützt uns, wie eine Adlermutter ihre Jungen beschützt. Wenn Gott uns beschützt, brauchen wir keine Angst mehr zu haben.

Mose war mit dem Volk Israel unterwegs in der Wüste. Immer wieder sprach er mit Gott. Und Gott brachte ihm ein Lied bei, dass Mose dem Volk vorsang:

Hört zu, ihr Himmel, ich will reden,
die ganze Erde lausche meinen Worten.
Ich will den Namen des Herrn verkünden.
Preist die Größe unseres Gottes!
Gott hat sein Volk lieb.
Er fand es in der Steppe,
in der Wüste, wo die wilden Tiere sind.
Er umarmte es, gab auf es Acht,
wie die Adlermutter, die ihr Nest beschützt,
die über ihren Jungen schwebt,
ihre Flügel ausbreitet, ein Junges ergreift
und es flügelschlagend davonträgt.
So behütet Gott sein Volk
und die Menschen, die an ihn glauben.

Nach Deuteronomium 32

Gott sorgt für uns

Zur Einstimmung:

Versuche einmal ganz still zu werden.
Überlege:
Wer hat heute schon etwas für dich getan?
Jemand hat dich geweckt.
Jemand hat dafür gesorgt, dass du etwas zu essen bekommst.
Jemand hat dafür gesorgt, dass du etwas anzuziehen hast.
Jemand hat dafür gesorgt, dass du etwas lernen kannst.
Jemand hat dafür gesorgt, dass du ein Dach über dem Kopf hast.
Jemand war da, um dich anzuhören.
Jemand war da, um dich in den Arm zu nehmen.
Jemand hat dafür gesorgt ...
Jemand war da ...
Jemand denkt an dich –
und meistens bemerkst du es gar nicht.
So sorgt auch Gott für dich.
Jesus sagt: Wichtig ist nur, dass die Menschen sich verstehen und füreinander da sind.
Wichtig ist, dass auf der Erde das geschieht, was Gott will.
Wichtig ist das Reich Gottes.

Jesus sagte zu seinen Freunden:

Man kann nicht alles im Leben tun. Man kann nicht sagen: Mir ist am wichtigsten, dass ich alles habe und reich bin, und gleichzeitig sagen: Gott ist mir wichtig.
Ich sage euch:
Macht euch keine Sorgen darum, ob ihr etwas zu essen habt. Das Leben und ihr selbst seid wichtiger als die Äußerlichkeiten. Seht euch doch um: Da fliegen die Vögel am Himmel. Sie säen und ernten nicht. Sie sammeln keine Vorräte, aber Gott sorgt für sie. Seid ihr denn nicht viel wichtiger als die Vögel?
Sorgt euch nicht darum, ob ihr etwas anzuziehen habt. Lernt von den Blumen, die auf dem Feld wachsen: Sie arbeiten nicht und sie nähen keine Kleider. Aber selbst der große König Salomo war nicht so schön gekleidet wie sie. Wenn aber Gott schon die Blumen so wunderschön kleidet, die morgen verbrannt werden, wie sollte er nicht für euch sorgen.
Fragt also nicht ständig: Was sollen wir essen? Was sollen wir trinken? Was sollen wir anziehen? Das fragen die, die nicht an Gott glauben.
Für euch aber soll es zuerst darum gehen, dass in der Welt das geschieht, was Gott will.
Sorgt euch um das Reich Gottes.

Nach Matthäus 6

Gott ist mein Licht und mein Heil

Zur Einstimmung:

Warst du schon einmal im Dunkeln allein?
Vielleicht magst du die Dunkelheit,
die dich umhüllt,
die dich schützt vor den Blicken der anderen.

Vielleicht fürchtest du dich aber auch im Dunkeln.
Du kannst nicht sehen, was um dich herum ist.
Du hörst Geräusche, die dir Angst machen.
Du fühlst dich allein.

Wenn wir sagen:
Menschen leben im Dunkeln,
dann meinen wir:
Es geht ihnen nicht gut.
Sie haben etwas zu verbergen.
Sie sind in großer Not.

Gott sagt:
Bei mir brauchst du dich nicht zu fürchten.
Ich bin wie das Licht im Dunkeln der Not.

In der Bibel wird auch von Gott als dem Licht im Dunkeln geredet. Menschen beteten vor vielen tausend Jahren voll Vertrauen:

Der Herr ist mein Licht und mein Heil:
Vor wem sollte ich mich fürchten?

Psalm 27,1

Der Prophet Jesaja sprach zu seinem Volk, das in großer Not war, davon, dass Gott Licht sendet und die Not beendet:

Das Volk, das im Dunkel lebt, sieht ein helles Licht;
über denen, die im Land der Finsternis wohnen, strahlt ein Licht auf.

Jesaja 9,1

Und Jesus sagt von sich selbst:

Ich bin das Licht der Welt. Wer mir nachfolgt, wird nicht in der Finsternis umhergehen, sondern wird das Licht des Lebens haben.
Johannes 8,12

Gott ist mein Hirte

Zur Einstimmung:

Weißt du, was ein Hirte ist?
Früher gab es auch bei uns noch viele Hirten.
Sie zogen mit ihren Schafen über das Land.
Ein Hirte hütet Schafe.
Er passt sorgfältig auf sie auf.
Er sorgt dafür, dass sie genug zu essen und zu trinken bekommen.
Er schaut nach den Muttertieren und den Lämmern.
Er hilft ihnen, wenn sie krank sind.
Er hat einen Hirtenstab.
Damit kann er wilde Tiere verscheuchen und seine Herde zusammen halten.
In Israel, dem Land, in dem Jesus lebte, gibt es auch heute noch viele Hirten, die ihre Schafe hüten.
Deshalb haben schon früher die Leute gedacht:
So wie ein Hirte seine Schafe hütet,
so gibt auch Gott auf uns acht.

In einem sehr alten Gebet, das wir in der Bibel finden, sagen die Menschen es so:

Der Herr ist mein Hirte,
nichts wird mir fehlen.
Er lässt mich lagern auf grünen Wiesen
und führt mich zum Ruheplatz am Wasser.
Er gibt mir, was ich zum Leben brauche;
er führt mich die richtigen Wege,
so, wie er es versprochen hat.
Wenn ich auch in dunkler Schlucht wandern muss,
so fürchte ich kein Unheil,
denn du bist bei mir,
dein Stock und dein Stab geben mir Zuversicht.

Nach Psalm 23

Und Jesus sagt von sich:

Ich bin der gute Hirt. Der gute Hirt gibt sein Leben für seine Schafe.

Johannes 10,11

Gott ist wie ein guter Freund

Zur Einstimmung:

Bestimmt hast du einen guten Freund
oder eine gute Freundin.
Mach einmal deine Augen zu
und stell dir deinen Freund oder deine Freundin vor.
Du hast sie oder ihn sehr gern.
Ihr macht tolle Dinge miteinander.
Ihr spielt miteinander.
Vielleicht heckt ihr auch Streiche aus.
Du kannst deiner Freundin,
du kannst deinem Freund vertrauen.
Zu einem guten Freund kannst du immer gehen.
Mit einer guten Freundin kannst du dich über alles unterhalten.
Wenn man einen guten Freund
oder eine gute Freundin hat, ist man nie allein.
Gott ist wie eine gute Freundin
oder wie ein guter Freund.

Das wusste auch Jesus. Er erzählte deshalb seinen Freunden eine Geschichte:

Wenn einer von euch einen Freund hat und um Mitternacht zu ihm geht und sagt: Freund, ich habe plötzlich Besuch bekommen. Leih mir drei Brote; denn ich habe ihm nichts anzubieten! Wird dann etwa der Freund drinnen antworten: Lass mich in Ruhe, die Tür ist schon verschlossen. Meine Kinder schlafen. Ich kann nicht aufstehen und dir etwas geben?

Ich sage euch: Wenn er schon nicht deswegen aufsteht und ihm seine Bitte erfüllt, weil er sein Freund ist, so wird er doch wegen seiner Zudringlichkeit aufstehen und ihm geben, was er braucht.

Und Jesus sagte weiter: Gott ist wie ein guter Freund, der euch gibt, um was ihr bittet. Wenn ihr betet, dann verlangt nicht unwichtige Dinge, sondern sprecht:
Vater unser im Himmel,
geheiligt werde dein Name,
dein Reich komme,
dein Wille geschehe
wie im Himmel so auf Erden.
Unser tägliches Brot gib uns heute,
und vergib uns unsere Schuld,
wie auch wir vergeben unseren Schuldigern,
und führe uns nicht in Versuchung,
sondern erlöse uns von dem Bösen.

Nach Lukas 11

Gott ist wie eine gute Mutter und ein guter Vater

Zur Einstimmung:

Es gibt Menschen in deinem Leben,
die sind für dich ganz besonders wichtig.
Sie haben dir Leben geschenkt.
Sie haben dir Nahrung gegeben.
Sie haben dir eine Wohnung gegeben.
Sie haben dich auf ihrem Arm gewiegt.
Es sind Vater und Mutter.
Ohne sie wärest du nicht auf der Welt.
Sie haben dich umsorgt,
sie haben dich getröstet, wenn du traurig warst.
Sie haben dich gepflegt, wenn du krank warst.
Sie haben dich sehr lieb.
Jesus sagt: Wenn ihr zu Gott sprecht, dann dürft ihr ihn »abba« nennen:
Mama oder Papa.

Gott ist wie eine gute Mutter. Das wussten schon die Menschen vor vielen tausend Jahren. Wir lesen in der Bibel:

Gott sagt zu seinem Volk, das in Not war:
Ich tröste euch, wie eine Mutter ihr Kind tröstet.
Ihr werdet wieder froh sein.
Wie ein Baby an der Brust seiner Mutter trinkt, so sollt ihr satt werden an dem, was ich euch schenke. Ich gebe euch alles, was eine Mutter ihrem Kind schenkt.

Nach Jesaja 66

Jesus erzählte seinen Freunden die Geschichte vom guten Vater:

Ein Mann hatte zwei Söhne. Der jüngere sagte eines Tages zu seinem Vater: Vater, ich will weg von dir. Gib mir das Geld, das mir zusteht! Der Vater wurde sehr traurig. Aber er ließ seinen Sohn gehen. Er hatte ihn sehr lieb.
Der Sohn ging fort. Zuerst ging es ihm sehr gut. Er gab all sein Geld aus für Essen, Trinken und Spielen. Dann war sein Geld weg. Er wusste nicht mehr, wie er leben sollte. Er tat die dreckigste Arbeit, die man sich denken konnte: Er hütete Schweine und teilte sich das Futter mit ihnen. Da dachte er nach: Wenn ich zu meinem Vater zurück gehe und als Knecht bei ihm arbeite, geht es mir besser als jetzt. Ich will zu meinem Vater nach Hause gehen.
Er machte sich auf den Weg. Unterwegs dachte er: Ob mein Vater mich überhaupt noch aufnimmt? Er war damals so traurig. Jetzt will er bestimmt nichts mehr von mir wissen. Aber wie täuschte sich der Sohn! Der Vater hatte die ganze Zeit auf ihn gewartet. Als er ihn kommen sah, lief er ihm entgegen und nahm ihn in die Arme. Er sagte: Wir wollen ein Fest feiern, denn du, mein Sohn, bist wieder zurückgekehrt.
Dann sagte Jesus: So wie dieser Vater ist auch Gott zu euch.

Nach Lukas 1

Gottes Stadt

Zur Einstimmung:

Sicher warst du schon einmal in einer großen Stadt.
Viele Menschen leben dort.
Gute und Böse.
Viele Menschen sind traurig.
Viele Menschen sind in Not.
Manche helfen den anderen.
Manche sind fröhlich und machen andere froh.
Menschen leben und sterben.
Wir glauben: Gott ist da, wo Menschen leben.
Gott ist da, wo Menschen anderen Menschen Gutes tun.
Wir möchten, dass die Menschen froh sind.
Das möchte Gott auch.
Gottes Reich soll Wirklichkeit werden.
Deshalb beten wir: Dein Reich komme.
Einmal wird es so sein.

Davon haben Menschen immer wieder geträumt. Einen Traum von der Stadt Gottes können wir in der Bibel lesen. Gott hat ihn einem Mann geschenkt, der Johannes hieß:

Ich sah einen wunderschöne Stadt von Gott her aus dem Himmel herabkommen. Die Häuser glänzten wie reines Gold. Um die Stadt herum war eine Stadtmauer aus glänzendem Gold. Sie hatte zwölf Tore aus Edelsteinen. In der ganzen Stadt gab es kein Licht, keine Lampen, keine Laternen, keine Sonne, keinen Mond und keine Sterne. Aber es war ganz hell in der Stadt, weil Gott in ihr wohnte. Und Gott sagte zu mir: Sieh, das ist die Wohnung Gottes bei den Menschen. Die Menschen gehören zu mir. Ich bin bei ihnen. In meiner Stadt gibt es keinen Menschen mehr, der traurig ist. Alle Tränen werde ich von ihren Augen abwischen und niemand wird mehr sterben. Was früher war ist vergangen.

Nach Offenbarung 21

Jetzt mach deine Augen zu.
Stell dir die wunderschöne Stadt vor.
Überlege:
Was kannst du tun,
damit etwas von dieser Stadt Gottes
Wirklichkeit wird?

Gott ist mehr, viel mehr

T: nach Johannes Paul I., M: Reinhard Horn
aus: Kontakte Songbook 1

Hinweise für Eltern, Erzieher/innen und Katechet(inn)en

Dieses Bilderbuch versucht, Kindern das Reden von Gott näher zu bringen, ohne fertige Antworten zu geben. Das Gottesbild ist eine höchst persönliche Glaubensangelegenheit, die man nur im Gespräch mit anderen entwickeln kann. Deshalb ist die Frage »Wer bist du, Gott?« eine Frage, die sich der glaubende, suchende und zweifelnde Mensch ein Leben lang stellt.
In diesem Bilderbuch werden den Kindern Bilder von Gott und Aussagen über Gott angeboten, wie sie uns in der Bibel, im Alten und Neuen Testament, überliefert sind, eingerahmt von zwei Liedern, die die bildhafte Sprache von Gott aufgreifen.
Ein Kind kann dieses Buch mit seinen Eltern und später auch alleine lesen und anschauen. Dazu hilft bei jedem Bild eine Einstimmung, die dem Kind die Vorstellung des Bildworts erleichtern soll. Das Anschauen des Bilds sowie die Auseinandersetzung mit dem Bibeltext schaffen dann den Schritt zum Angebot einer Gottesvorstellung.

Im Folgenden werden nun Möglichkeiten angeboten, mit den einzelnen Liedern und Bildern mit Kindern in Gruppen zu arbeiten.

1. Mein Gott, ich kann dich gar nicht sehen (Lied)

Dieses Lied bietet viele Bilder an, in denen man von Gott reden kann. Es sagt aber in den Strophen nicht: So ist Gott!, sondern stellt immer die Frage bist du so? oder so?

Bist du ein Haus aus dicken Steinen ...?
Bist du ein Licht mit bunten Strahlen ...?
Bist du ein Lied, das alle singen ...?
Bist du ein Schiffen mit starken Masten ...?
Bist du ein Freund, dem ich vertraue ...?
Bist du wie eine Kuscheldecke ...?

Der Refrain ist eine Bitte an Gott, sich dem Menschen zu offenbaren, wer und wie er ist.

Die einzelnen Strophen des Liedes können bei entsprechenden Bildern im Buch immer wieder aufgegriffen und gestaltet werden.

Methodische Hinweise

Gestalten
In einer Gruppe bietet es sich an, die im Lied ausgedrückten Bilder von Gott bildnerisch darzustellen:
- Jeder malt ein Strophe.
- Alle malen ein Gruppenbild.
- Alle gestalten gemeinsam das jeweilige Bild mit Tüchern und Naturmaterialien in der Kreismitte.
- Collagen unterschiedlicher Art.

Tanzvorschlag
Zum Refrain des Liedes kann man einfache und ruhige Bewegungen machen, nachdem in der Mitte die Strophe bildnerisch gestaltet wurde:
Alle stehen oder knien im Kreis (»Mein Gott, ich kann dich gar nicht sehen«),
die Augen werden mit den Händen verdeckt (»und doch sagst du, ich bin bei dir!«),
die Arme werden nach vorne geführt, die Handflächen zeigen nach oben (»Mein Gott, wie soll ich das verstehen?«).
Die Arme werden nach oben ausgebreitet (»Ich bitte dich, komm, zeig es mir!«).
Die Arme werden wieder langsam zurück vor die Körpermitte geführt.

2. Gott sagt: Ich bin da

Die Geschichte von der Gotteserscheinung am brennenden Dornbusch ist eine der zentralen Aussagen des Alten Testaments: Hier nennt der große, unbegreifliche Gott Abrahams, Isaaks und Jakobs zum ersten Mal seinen Namen. Er sagt ich bin »Jahwe«, ich bin der »Ich-bin-da«. Kein gewöhnlicher Name, sondern eine Aussage darüber, was Gott für den Menschen sein will: Ein Gott, der nicht über allem weitab thront und herrscht,

sondern ein Gott, der bei den Menschen sein will, der mit ihnen gehen will, ein Gott, der sagt: »Ich bin da«, was auch geschieht. Ein Gott, der da ist, letztlich bis zum Leben, Leiden, Sterben und Auferstehen seines Sohnes Jesus Christus.
Die Einstimmung versucht, bei den Erfahrungen der Kinder anzuknüpfen. »Gut, das jemand da ist«, das hat hoffentlich schon jedes Kind irgendwann einmal gespürt. Und wenn wirklich niemand da ist – dann kennt es die schreckliche Erfahrung des Allein-gelassen-Seins.
An diese Erfahrungsebene knüpft die Einstimmung an und stellt dann am Schluss wie im Bibeltext Gott als den dar, der von sich sagt: Ich bin der »Ich-bin-da«.
Mehr als diese Zusage kann Gott nicht geben. Ob der Mensch, ob das Kind sich auf dieses Liebesangebot Gottes einlässt oder nicht, ist allein seine Entscheidung, beeinflusst sicherlich durch die persönliche Lebensgeschichte und Erfahrung.

Methodische Hinweise

Lied: Du bist der »Ich-bin-da«

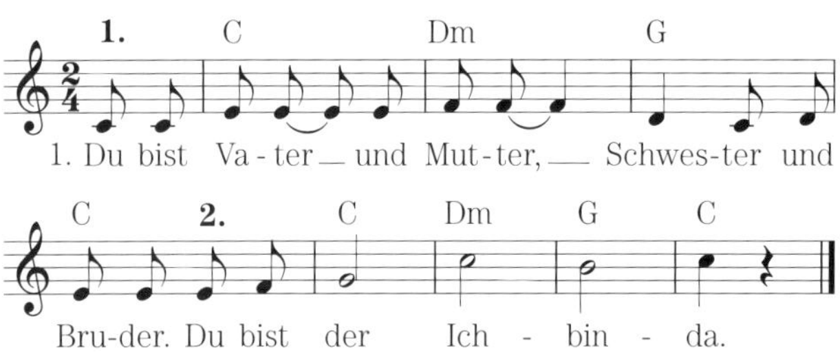

2. Du bist gestern und morgen,
nah und verborgen.
Du bist der »Ich-bin-da«.

3. Du bist laut und ganz leise,
Hunger und Speise.
Du bist der »Ich-bin-da«.

4. Du bist Arche und Steuer,
Wasser und Feuer.
Du bist der »Ich-bin-da«.

5. Du bist Sehnsucht und Friede,
Treue und Liebe.
Du bist der »Ich-bin-da«.

T: Rolf Krenzer, M: Ludger Edelkötter
Aus: Weil du mich so magst

Tanzvorschlag
Alle stehen im Kreis.
Strophe 1: Linken Arm heben, rechten Arm heben. Linken Arm zum linken Nachbarn, rechten Arm zum rechten Nachbarn.
»Ich-bin-da«: Beide Arme heben und sich um sich selbst drehen (in jeder Strophe gleich).
Strophe 2: Mit dem rechten Arm nach hinten und nach vorn weisen. Hände vor die Augen legen.
Strophe 3: Arme weit ausbreiten und dann wieder vor der Brust kreuzen. Hände wie eine Schale vor sich halten.
Strophe 4: Kreis durchfassen und hin und her wiegen.
Strophe 5: Alle gehen im Kreis rechts herum.

Erfahrungs-/Vertrauensübungen
- Sich führen lassen

Immer zwei Kinder bilden ein Paar. Eines der Kinder bekommt die Augen verbunden und das andere führt es behutsam durch einen Raum mit Hindernissen.
Nach einiger Zeit Rollentausch durchführen, über die Erfahrungen hinterher sprechen.
- Sich fallen lassen

Alle stehen sehr dicht im Kreis. In der Mitte steht ein Kind mit verbundenen Augen. Dieses Kind lässt sich nach einer Seite hin fallen. Die Kinder im Kreis müssen es auffangen und wieder aufrichten. Mehrmals die Rollen tauschen und über die Erfahrungen sprechen.

3. Eine feste Burg ist unser Gott

Burgen spielen im Leben unserer Kinder keine prägende Rolle mehr. Deshalb muss man sie in dieses Bild einführen oder auf vorhandenes Wissen und Erleben zurückgreifen. Manche Kinder kennen Burgen von Ritterfilmen her, andere haben Sachbilderbücher zum Thema, die sie mit-

bringen können, um sie den anderen Kindern zu zeigen. Manches Kind war im Urlaub vielleicht schon einmal auf einer Burg und hat sie besichtigt oder ist auf Burgruinen herumgeklettert. Je nach örtlichen Gegebenheiten bietet es sich auch an, eine Burg in der näheren Umgebung zu besichtigen, die dicken Mauern zu befühlen, von den Menschen, die sich in diesen Burgen in Sicherheit brachten, zu erzählen.
Wichtig ist, dass die Kinder Burgen als Ort des Schutzes begreifen, der stark ist und Unheil abwenden kann.

Methodische Hinweise

Lied: Mein Gott, ich kann dich gar nicht sehen
Die erste Strophe des Eingangslieds »Bist du ein Haus aus dicken Steinen« aufgreifen (siehe 1.).

Lied: Gott, bist du ein hoher Turm?

3. Einen Turm suche ich,
einen Turm zur Sicherheit,
der mich schützt und bewahrt.
Gottes Segen wird uns schützen
in den Stürmen unserer Zeit.

4. Auf den Turm steige ich,
denn ich will ganz oben sein,
und der Turm macht mich groß,
unten bin ich doch so klein.

Refrain

5. Von dem Turm sehe ich,
was in unsrer Welt geschieht,
und ich lade dich ein:
Sing mit mir vom Turm ein Lied.

Refrain

T: Reinhard Bäcker, M: Detlev Jöcker
aus: Unter dem Baum des Lebens

Tanzvorschlag
Alle stehen eng zusammen im Kreis, die Arme um die Schultern gelegt. Während der Strophen wiegt sich der Turm ganz sanft hin und her.
Refrain:
Takt 1–2: Die Arme werden hochgestreckt.
Takt 3–4: Alle gehen rückwärts nach außen.
Takt 5–6: Alle drehen sich nach außen und gehen vorwärts.
Takt 7–8: Alle drehen sich nach innen und führen dabei die Hände hoch über den Kopf.
Takt 9–10: Die Hände werden gefaltet und langsam bittend nach oben geführt.
Takt 11–12: Alle gehen wieder nach innen und kehren zur Ausgangsstellung zurück.

Burg bauen
Aus bunten Bauklötzen oder bemalten Pappschachteln oder im Sandkasten eine Burg miteinander bauen.

4. Gott – wie die Adlermutter

Noch weniger als eine Burg dürfte den Kindern ein Adler bekannt sein. Bevor man dieses Bild also aufgreift, sollte man mit den Kindern in einem Zoo oder einer Adlerwarte oder auch in einem Naturfilm diesen größten aller Vögel, die fliegen können, kennen lernen. Man kann sie auch Adler in Wappen wieder erkennen lassen. Auf jeden Fall sollten die Kinder wissen, dass der Adler ein sehr großer und starker Vogel ist, der seine Jungen im Nest beschützt.

5. Gott sorgt für uns

Dass jemand für einen sorgt, dass Menschen füreinander sorgen, das hat fast jedes Kind schon am eigenen Leib erfahren.
Deshalb kann man diese Erfahrung im Gespräch miteinander austauschen und die Einstimmung daran anschließen. Um die biblische Geschichte von den Lilien des Feldes und den Vögeln des Himmels innerlich vorzubereiten, bieten sich Anschauungs- oder Beobachtungsübungen an.

Methodische Hinweise

Anschauung Gänseblümchen
Alle gehen miteinander auf eine Wiese, auf der viele Gänseblümchen blühen. Jedes Kind darf sich sein Gänseblümchen pflücken und sich dann in den Kreis setzen. Jetzt schaut sich jedes Kind sein Gänseblümchen ganz genau an, eventuell gelenkt von der/dem Gruppenleiter/in. Die Kinder dürfen sagen, was sie an ihrem Gänseblümchen entdecken.

Beobachtung Spatzen
Alle gehen miteinander an einen Platz, an dem erfahrungsgemäß viele Spatzen zu sehen sind. Dort beobachten alle miteinander die Vögel und teilen sich ihre Beobachtungen mit. Wieder im Gruppenraum darf jedes Kind sagen, was es am schönsten bei der Beobachtung fand.

6. Gott ist mein Licht und mein Heil

Licht und Dunkelheit sind Elemente, mit denen die Kinder vertraut sind. Sie assoziieren damit aber durchaus unterschiedliche Empfindungen. Die einen haben Angst im Dunkeln, sie sehnen sich nach Licht, das ihnen Vertrauen gibt, die anderen empfinden Dunkelheit als einen Schutz, in den sie sich zurückziehen können.
Die Kinder müssen im Vorfeld sorgsam zum biblischen Verständnis von Licht und Dunkelheit hingeführt werden, das in der Dunkelheit und in der Finsternis etwas Bedrohliches sieht, das vom Licht Gottes erhellt wird.

Methodische Hinweise

Erfahrung: Licht in der Dunkelheit
In einem verdunkelten Raum in der Kreismitte eine Kerze anzünden und beobachten, wie sie nach und nach die Dunkelheit erhellt.

Collage
Ein gelber und ein schwarzer Fotokarton werden bereitgestellt. Die Kinder sammeln Bilder aus Zeitungen, die vom »Licht« bzw. von der »Finsternis« in der Welt erzählen und kleben sie auf die entsprechenden Fotokartons.

Lied: Wenn du uns leuchtest

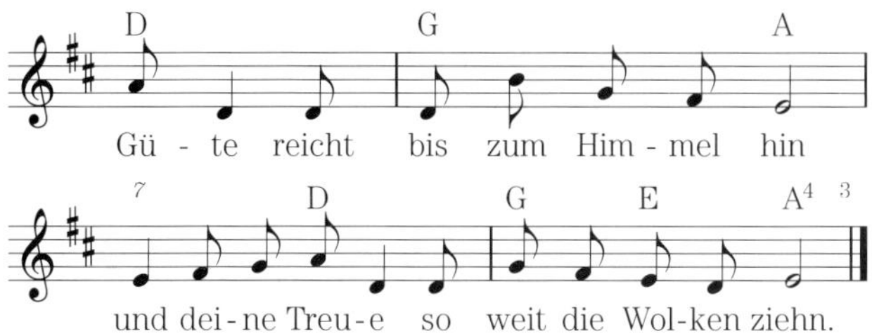

2. Hoch wie die Berge in der Unendlichkeit
ragt dein Erbarmen, deine Gerechtigkeit.

3. Herr, deine Weisheit ist tiefer als das Meer.
Menschen und Tieren bist du ein guter Herr.

4. Gott, deine Liebe ist unvergleichlich schön.
Du gibst uns Schutz, und so kann uns nichts geschehn.

5. Du machst uns satt und dein Tisch ist stets gedeckt.
Gott, deine Güte wie frisches Wasser schmeckt.

6. Herr, bleibe bei uns und verlass uns nicht!
Wenn du uns leuchtest, leben wir im Licht.

T: Rolf Krenzer, M: Detlev Jöcker
aus: Licht auf meinem Weg (Liedheft und MC)

Tanzvorschlag
1. Teil (in jeder Strophe gleich):
Takt 1: Arme ausbreiten.
Takt 2: Um sich selber drehen (rechts herum).
Takt 3: Arme senken, Hände offen vor sich halten.
Takt 4: Um sich selber drehen (links herum).

2. Teil:
Strophe 1: Stehen, sich ganz hoch strecken und zeigen, wie weit die Wolken ziehen.
Strophe 2: Die hohen Berge zeigen.
Strophe 3: In die Hocke gehen.
Strophe 4: Die Hände schützend über die Nachbarn halten.
Strophe 5: Die Hände offen wie eine Schale vor sich halten.
Strophe 6: Einander um die Schultern fassen (letzte Zeilen wie Takt 1 und 2 des 1. Teils).

Weitere Anregungen in:
Elsbeth Bihler, Symbole des Lebens – Symbole des Glaubens. Werkbuch für Religionsunterricht und Katechese, Bd. I, S. 12–54, Lahn-Verlag, Limburg 3. Auflage 1998.

7. Gott ist mein Hirte

Hirten sind dem Blickfeld der Kinder in unseren Breitengraden weitgehend entzogen. Nur vereinzelt sieht man noch Hirten mit ihren Herden die Grünflächen am Rande der Ortschaften abgrasen. Dennoch sind Hirten und Schafe den Kindern aus Erzählungen meist vertraut, z. B. von der Weihnachtsgeschichte her mit den vielen Liedern, die sich um sie ranken. Dennoch ist es notwendig, dieses flüchtige Bild zu vertiefen, indem man darüber spricht und deutlich macht, welche Aufgaben ein Hirte für seine Schafe hat.
Nach diesem allgemeinen Bild, sollte man den Kindern noch zeigen, wie Hirten und Schafe in der kargen Landschaft Israels wohnen.

Methodische Hinweise

Einen Schäfer besuchen
Miteinander ausfindig machen, wo es in der näheren Umgebung noch einen Schäfer mit seiner Herde gibt. Mit dem Schäfer sprechen, ihn und seine Arbeit beobachten. Die Schafe in der Herde beobachten und die Beobachtungen aufschreiben.

Hirten aus Tonpapier basteln
Als Material: Tonpapier in Braun-beige und in Schwarz, Papier, Stifte.
Das Modell eines Hirten mit Hut und Hirtenstab wird auf Papier gezeichnet. Wenn die Zeichnung fertig ist, wird festgelegt, in welchem Farbton die einzelnen Teile erscheinen sollen. Dann werden die Einzelteile in der Weise aus dem Tonpapier ausgeschnitten, dass Körper und Kopf doppelt aufeinander gelegt werden können. Arme, Beine, Hut und Stab werden dazwischen- oder daraufgeklebt. Den fertigen Hirten kann man als Fensterbild aufhängen.

Weitere Anregungen in:
Elsbeth Bihler, Symbol »Mensch«. Sinne – Fähigkeiten – Berufe. Werkbuch für Religionsunterricht und Katechese, S. 207–224, Lahn-Verlag, Limburg 2. Auflage 1999.

8. Gott ist wie ein guter Freund

Unter einem Freund kann sich jedes Kind etwas vorstellen. Entweder hat es einen oder mehrere gute Freunde oder aber, wenn es unter die Außenseiter zählt, hat es große Sehnsucht nach einem guten Freund. Die Freundschaft mit Gott, die hier als Bild Gottes angeboten wird, beinhaltet, dass Gott jemand ist, zu dem wir als Menschen eine Beziehung aufbauen können. Wenn wir mit den Kindern über Freunde und Freundinnen sprechen, dann ist ihnen auch klar, dass Freundschaft auf Gegenseitigkeit beruht und nicht nur eine oder einer, hier eben Gott, der oder die Gebende ist. Jeder muss zum Gelingen einer Beziehung beitragen.

Wichtig im Vorfeld dieses Gottesbilds ist das Gespräch mit den Kindern zu Fragen wie:
Wer ist euer Freund, wessen Freund seid ihr?
Wie verhält sich ein guter Freund, eine gute Freundin?
Was würdest du am liebsten mit deinem Freund, mit deiner Freundin tun?
Im Gleichnis vom bittenden Freund wird den Erwartungen der Kinder entsprochen: Einem guten Freund gibt man, um was er bittet. Und wenn Gott unser Freund ist, dann dürfen auch wir ihn bitten. Das Vaterunser leitet an dieser Stelle zum nächsten Bild über und sollte gemeinsam mit den Kindern in der Gruppe gebetet werden.

9. Gott ist wie eine gute Mutter und wie ein guter Vater

Im Bild von Vater und Mutter verdichtet sich für die Kinder das, was einen guten Freund ausmacht. Hier kommen Assoziationen wie Vertrauen, Geborgenheit, so sein dürfen, wie man wirklich ist, Heimat usw. zum Ausdruck. Wichtig ist, dass die Rede nicht allein von »Vater und Mutter« ist, denn das sind für manche Kinder, auch in unserer Gesellschaft, leider nicht nur positiv besetzte Bilder. Wenn man von Gott als Mutter oder Vater spricht, dann ist das kleine Wort »gut« angebracht. Gott ist wie ein guter Vater und wie eine gute Mutter. Denn meistens hat ein Kind, wenn es schlechte Erfahrungen mit seinen Eltern gemacht hat, dennoch eine Vorstellung davon, wie ein »guter« Vater oder eine »gute« Mutter sein könnte und sollte.
Die Schriftstellen, die hier das Bild von Gott als Vater und Mutter beschreiben, bieten Bilder der Geborgenheit und der bedingungslosen Liebe Gottes zu den Menschen.

10. Gottes Stadt

Als letztes Bild wird den Kindern das Bild von der Stadt Gottes angeboten. Sie kennen das Bild von Städten unserer Zeit. Große Häuser, viele Menschen, oft Angst, Leid und Not in den Straßen. Für viele Kinder ist der tägliche Gang zur Schule angstbesetzt, weil sie von Gewalt und Gemeinheit anderer wissen oder sie schon am eigenen Leibe erfahren haben. Die Vision von der Stadt Gottes setzt dagegen ein Bild der Freude und des Friedens. Sie hat etwas faszinierend Schönes an sich und gleichzeitig gibt es in ihr nichts Bedrohliches und Trauriges mehr.
Im letzten Satz des Textteils dieser Einheit wird deutlich: Wir können dabei mithelfen, dass etwas von diesem schönen Traum Wirklichkeit wird.

Methodische Hinweise

Lied: Ich weiß eine Stadt

2. Ich weiß eine Stadt ohne Lärm und Gestank.
   Man braucht kein Benzin und kein Geld auf der Bank.
   In der Stadt dort gibt's keine Angst, keinen Streit.
   Und der Große hat für den Kleinen Zeit ...

3. Ich weiß eine Stadt, in der lebt jeder frei.
   Kein Schloss vor der Tür, keine Stadtpolizei.
   In der Stadt dort vertraut jedermann jedermann.
   Und der Starke nimmt sich des Schwachen an ...

4. Ich weiß eine Stadt, komm und schau sie dir an.
   Kein Kraftwerk gibt's dort, keine Stadtautobahn.
   In der Stadt dort lebt jeder froh wie ein Kind,
   weil wir alle bei unserm Vater sind ...

5. Ich weiß eine Stadt und die wird einmal sein.
   Wir stehen davor und wir gehen hinein.
   In die Stadt dort wollen wir alle gern gehen
   und wir wollen uns dort gern wiedersehn ...

T: Rolf Krenzer, M: Peter Janssens
aus: Josef zwischen Wohlstaat und Armewelt, 1980

Tanzvorschlag
Dieses Lied kann als Kettenreigen getanzt werden. Alle sitzen im Kreis, eine/r oder ein Paar beginnt zum Lied im Kreis umherzugehen und fordert durch Gesten andere zum Mitgehen auf. Die Aufgeforderten geben den anderen die Hand und alle bilden so eine lange Kette. Die beiden Ersten machen nun immer vor, wenn alle eine andere Haltung einnehmen sollen, z. B. die Hände auf die Schultern der vorderen Person legen, Tore bilden, durch die alle hindurchgehen und danach selbst ein Tor bilden, usw.

Weitere Anregungen in:
Elsbeth Bihler, Symbole des Lebens – Symbole des Glaubens. Werkbuch für Religionsunterricht und Katechese, Bd. III, S. 116–139, Lahn-Verlag, Limburg 3. Auflage 1999

11. Gott ist mehr, viel mehr (Lied)

Das letzte Lied des Bilderbuchs greift noch einmal das Bild von Gott als Vater und Mutter auf, weist aber darüber hinaus, indem es sagt: Gott ist wie Vater und Mutter, aber er ist mehr, viel mehr. Letztlich können wir Gott mit all unseren Vorstellungen und Bildern nicht fassen.
Gott ist eben größer als alles, was Menschen sich vorstellen können.
Mit diesem Lied wird noch einmal deutlich: Wir können von Gott nur in Bildern reden und in Bildern haben Menschen seit Urzeiten von Gott gesprochen. Dennoch bleibt er letztlich unbegreifbar und jeder Mensch muss sich sein eigenes Bild von Gott suchen, das sich im Laufe des Lebens wandeln wird. Aber es ist eine Suche, die sich lohnt, weil eines immer deutlich wird: Gott will das Gute für den Menschen, und er ist keiner, der abseits steht, sondern der dem Menschen Beziehung und Freundschaft anbietet und sich um den Menschen sorgt. Die Antwort auf dieses Angebot Gottes muss jeder einzelne Mensch selbst geben.

Inhalt